NOTAS QUE DEJÉ SOBRE TU MESA
© Marina López García
Diseño de portada: Dpto. de Diseño Gráfico Exlibric

Iª edición

© ExLibric, 2026.

Editado por: ExLibric
c/ Cueva de Viera, 2, Local 3
Centro Negocios CADI
29200 Antequera (Málaga)
Teléfono: 952 70 60 04
Fax: 952 84 55 03
Correo electrónico: exlibric@exlibric.com
Internet: www.exlibric.com

ISBN: 979-13-88255-16-8
Depósito Legal: MA 417-2026

Impresión: PODiPrint
Impreso en Andalucía – España

Nota de la editorial: ExLibric pertenece a Innovación y Cualificación S. L.

MARINA LÓPEZ GARCÍA

NOTAS QUE DEJÉ
SOBRE TU MESA

ExLibric

ANTEQUERA 2026

A las ideas que florecen al caer la noche.
A la luz y a las sombras,
quizás más a lo segundo que a lo primero.
Al amor, eterna incógnita movida por la marea.

«Para que las palabras no basten
es preciso alguna muerte en el corazón»
ALEJANDRA PIZARNIK, *Poesía completa*

PRIMERA PARTE
A LAS TINIEBLAS

1. *TRAIN OF THOUGHT*

¡Qué bien que te marchaste!

…

Te marchaste

…

Qué bien

…

Te… ¿marchaste?

…

¿Qué?

…

¿¿Bien??

…

¿Qué?

2

No es lo mismo el cielo
que el mar,
es distinto andar y volar.
¿No lo ves?
Una cosa es *querer* perdonar,
que perdonar.

3

No ha pasado ni un día
y ya echo de menos tus besos.
¿Qué tendrán para que sepan
a delicioso veneno?
Me matan lentamente,
pero me niego a separarme
de ellos.

4

No necesito que me quieras
como yo a ti te quiero,
pero muéstralo.
No hay nada más necesario
que expresar un «te amo»
cuando todo alrededor
parece perder sentido,
cuando nos vemos solos
ante el peligro del paso
del tiempo
y los olvidos.
No me quieras,
dime que me quieres,
¡demuéstralo!
No necesito rosas,
solo amor,
amor del bueno.

5

¿Cuánto amor se puede derramar
hasta que se agote?
¿Cuántos besos se pueden regalar
hasta que ardan?
Y, por preguntar,
¿cuántos años hemos de esperar
hasta que algo de nuevo parta?
Sufrimos tanto por esos abrazos
que, al final, se nos entumece
el alma.

6

Es raro. Hace diez días eras mi sol
y ahora eres una estela de mi pasado.

7. PROBLEMA

Chico y chica se quieren,
¿o es que se necesitan?
Algunos días ríen,
otros evitan las caricias.
A ambos les cuesta encontrar
el equilibrio,
entre el amor
y el roce de sus espinas.
Chico y chica se hieren,
¿por qué no se evitan?
Quizás se han acostumbrado ya
al veneno de sus promesas
malditas,
al amargo de las palabras
no dichas.

8

Hay que tener cuidado,
porque la tristeza
puede volverse enfado.
Cuando se atragantan,
las emociones son
venenosas,
y si no se las abraza,
se colman de espinas,
que se te clavan en las sienes
y en la espalda.
Hay que prestarles atención,
porque de la ira
es luego difícil librarse
y salir de la lucha, viva.

9

La niña de la torre
soñaba con salir de allí,
por abandonar esas voces
que rechazaban su mera
existencia
y apagaban su sonrisa;
deseaba que llegara el día
en el que pudiera mudarse
a su propio castillo,
colmado de cariño
y riquezas:
y por fin pudiera
sentirse libre,
bienvenida
y suficiente, pese a
sus rarezas.
Sabía que el problema
no era ella,
sino los ojos ciegos
que la miraban sin
comprenderla,
pero, aun así, le dolía
tener que abandonar
aquella torre,
donde había estado siempre
sola,

pero, al menos, acompañada
de alguien en cuerpo,
aunque no en alma.

10

Apareciste una tarde
por casualidad,
cuando mi corazón lloraba.
Espero que no desaparezcas
cuando sane,
enemigo-amante.

11

Ya no soy esa niña
que ciegamente confiaba.
Ahora soy esa mujer
que tiene el vaso medio lleno
de tanto amar,
y medio vacío de ganas
de volver a hacerlo.
Todo sería más sencillo
si me extirpasen el corazón
y me lo cambiasen por uno
nuevo,
uno con ilusión
por empezar de cero.

12

Ser alguien que ama,
una utopía.
Ser alguien que siente,
una condena.
Volver a tener la capacidad
de besar creyendo,
quizás en otra vida.

13

Le regalé una rosa
y la niña se sintió
completa.
¡Ay, qué niña!
¡Qué risueña!
Por el parque ríe,
por la noche sueña.
«Seguro que, ahora, para
siempre podré verla», pensé,
ilusa de mí,
egoísta enferma.
Le compré más flores,
la colmé de regalos,
pero, un día,
cuando un segundo
me di la vuelta,
la niña desapareció,
dejando un reguero
de pétalos tras ella.
Le gustaban más las
amapolas, ¡no esas!
Si tan solo la hubiera
escuchado,
no estaría yo ahora sola,

sin amiga
y sin perras.
Triste soledad,
crédula ceguera.

14

«El amor debe ser fácil»,
dicen muchos.
Pero ¿cómo puede ser
que el mío sea tan
complicado
que siempre lo veo
perfecto?

15. TATUAJES EN EL ALMA

Tatuajes no tengo
en la piel,
tatuajes ya llevo
en el alma.
No necesito anotarme
nada en los brazos
para recordarme
que debo aceptar
el pasado;
lo que me hace falta
es anestesia
para mitigar el dolor
que me deja
el mirarme al espejo
e imaginarme llena
de huellas,
unas pequeñas marcas
allá donde tus dedos
una vez tocaron.
Muchas veces me he planteado
la idea de tatuarme algo,
aunque sea enano,
pero pronto recuerdo
que de eso ya tengo,
y que, por tener,
preferiría tenerte aquí

a mi lado,
para seguir trazando suaves
líneas
en el lienzo de nuestros
cuerpos
e impedir que el tiempo
nos haga sentir
meros extraños.
Llevo el alma tan tatuada
que desearía renovarla.
Pero no puedo.

16

Supongo que nos encontraremos
en sueños,
en memorias fragmentadas
hechas anhelos,
porque en el día
ni te veo
ni te siento,
y si lo hago,
te evito,
amante desaparecido,
indeseable compañero.

17. LA FUERZA DEL DESTINO

Te cruzas en la vida
con personas
que te enseñan algo
que para siempre queda
plasmado en tu alma;
que te muestran
pequeñas ventanas
a otra vida
que con ellas podrías
haber tenido,
pero que,
por la fuerza del destino,
vuestros caminos
no estaban hechos
para permanecer
unidos,
y tan solo en sueños
puedes darles
la mano
y sentir un calor
que hace años ya
que (junto con vuestro amor)
se ha extinguido.

18. ESA NIÑA

¿En qué momento empecé
a quererme
a través de ti?
¿Dónde quedó esa niña
que jugaba sin necesidad
de que alguien
la acompañara?
Quiero volver a ser niña.
Se nos olvida que,
cuando somos pequeños,
también somos
enormes.

19. Mascota mía

Abría los ojos
y te llamaba para
acariciarte
desde la cama.
Te seguía hasta
tu juguete favorito,
jugábamos horas.
Reía cuando hacías
algunos de tus gestos
cómicos,
y cuando lloraba…
ahí estabas,
imperturbable.
Jamás hubo más
fiel mascota.
Desde niña
recuerdo tu presencia,
como si hubiera sido
eterna.
Te acogimos hace años
en casa,
parece que fuiste tú
quien nos eligió
como familia.
(Te metías en mi
mochila de la escuela

creyendo que ni cuenta me daría).
Pasan los años,
y pasan los días,
y uno no se da cuenta
del tesoro que le rodea;
o quizá sí lo sabe,
solo que lo cree
para siempre,
tan longevo como uno
desee.
Cierro los ojos y te tengo
en mente,
mascota querida,
eterna durmiente.
Esta noche rezo
porque sanes,
porque vuelvas a mí
y no te marches para
siempre.
Porque aún quedan
muchos juegos,
muchas caricias,
muchas tardes haciéndonos
compañía.
Porque, simple y llanamente:
te quiero,
y te querré siempre,
ante todo y hasta el fin

de mis días…
mi mejor amiga,
mi confidente,
mascota mía.

20. LA VENTANITA AZUL

El niño tenía miedo
de la ventanita azul.
Sus amigos tenían una,
¡cada uno!
Podía ser de diferentes tamaños,
cada cual más bonita.
Nunca dejaban de mirarla,
así pasaban las horas.
Él, sin embargo,
prefería las hojas manchadas
de ideas,
las frases grabadas en tinta,
leer y leer y leer
para así viajar sin trasladarse
de su silla.
Los demás lo tomaban por raro,
¡se reían!
Pero el niño no sentía enfado,
sino pena;
se horrorizaba ante la idea
de tener que estar siempre
mirando hacia abajo,
rezándole a las vidas de extraños
mientras la suya propia
transcurría en un abrir y cerrar de ojos,
irrecuperable,
efímera.

21. Todo sucede por algo

Todo sucede por algo,
el tren pasa a las siete
y cuarto.
Siempre puntual,
siempre acelerado.
El valle es gris,
la lluvia cae
sobre el prado.
Por la ventana del vagón
ves un día soleado
al que se acercan nubes.
Suenan truenos,
saltan rayos.

Anoche soñaste
que el tren
se averiaba,
que se transformaba
en oruga,
que sus patas a los raíles
se anclaban,
y tú inmóvil te quedabas,
sin transporte,
sin destino,
sin esperanza.

Parpadeas y vuelves
a observar
ese valle húmedo,
a tan temprana hora.
No hay orugas,
nadie se detiene:
¡falsa alarma!

Entonces, llega una llamada:
se trata de la soledad,
envuelta en sombras,
que vuelve a atenazarte
de manera inmediata.
Deja de llover,
el tren se para.
En el andén te quedas
perdido,
en medio de la nada.
Te preguntas por qué
has merecido tal desgracia.
Pasan las horas,
«¿volveré a casa?».

Pero, al tiempo,
la lluvia cesa.
Dejas de necesitar
paraguas.
¡Es un milagro!
Otro tren pasa,

con el que de nuevo
avanzas.
En él, sentado,
avistas prados cálidos
y florecidos,
halos de luz entre
las sombras de los olivos,
y acompañado de quien
a la soledad pudo
hacer, a base de besos,
añicos.
Todo sucede por algo,
todo acaba
en su sitio.
El tren seguirá pasando
a las siete y cuarto,
tú conmigo,
yo contigo.

22

Para llegar a la cima,
hay que permitirse tropezar.

23

Me estoy
esforzando mucho
por escucharme,
pues, aunque parezca
fácil,
no lo es en absoluto.
Estoy orgullosa
de mí misma,
de llorar
si así mi alma lo necesita;
así que gracias
a mí misma
por empezar
a amarme,
y perdón también
por alguna vez
haber deseado
en silencio
atragantarme.
Antes estaba
de luto
por la llegada
de lo inevitable,
y hoy bailo
y salto
por saber

que el vendaval
ya es lejano,
y los daños colaterales
por mí sondeables.

24

¿Cómo dejar de sentir que sobras
cuando la respuesta externa
es dejada y distante,
dañina y durmiente,
y cuando preguntas
lo que pasa,
oyes un simple
«nada»?
Sobre todo,
¿cómo pensar que te aman
si sabes que, si no estuvieras,
jamás te buscarían?

25

Hice el ejercicio de
desaparecer un tiempo
y descubrí que sola no se estaba
tan mal,
que se estaba calentito,
y que menos personas
de las que me imaginaba
acabarían sacando una brújula,
para ayudarme a encontrar
el norte.
Desde ese día dejé
de arrastrarme por quien
te da por localizado.

26. CONSTANTE

Siempre estás,
siempre estás,
siempre estás,
eres una constante
en un suelo
que parece tambalearse.
Siempre apareces,
siempre vuelves,
siempre cerca;
quizás deberías alejarte
y tomar una perspectiva nueva,
abrir las alas
y volverte intermitente.

27

A veces hay que escuchar
a nuestras emociones,
pronunciar lo impronunciable,
enfrentarnos a lo que nos aterra,
porque todo acaba saliendo a la superficie,
y no tiene sentido tapar heridas
que (a no ser que cuidadosamente
las mimes) se niegan a convertirse
en cicatrices.

28

«Y llegará el día en que dejes
de llorar».
Sí, hasta ahí llego.
Pero dime, listo:
¿cuándo va a ser eso?

29. DARDO ENVENENADO

Rencor, rencor,
te carcome el rencor;
será cierto que tengo mis fallos,
que soy idealista y me enamoro demasiado;
pero tú vives en el no olvidar,
en el pasado,
y en saborear todo aquello
como si fuera un dardo envenenado.

30. AMOR VIRTUAL

Digo sí,
cuando, en realidad,
es que no.
Digo no,
cuando, en realidad,
es que sí.
Estoy harta de vivir
condicionada según tus deseos
y huecos, supuestamente libres,
en los que ni me miras a los ojos
para disfrutar de mi presencia.
En vez de eso,
enfocas la vista en una pantalla
y dejas los minutos pasar,
hasta que llega la hora de despedirnos
y yo irme
con las miguitas de pan
de tu afecto intermitente.
Al final, la culpa es mía,
por reconocer que te estoy
tolerando
y, aun así,
no hacer nada
por alejarme.

31. «YA VEREMOS»

Ella envidiaba su capacidad
de alojarse en el presente.
«Ya veremos», decía siempre.
Ella intentaba imitar
su estado de tranquilidad
impasible,
pero era incapaz de lograrlo
por una aplastante práctica
en adelantarse a los hechos
futuros.
La preocupación era su sombra,
y una mente libre de ideas,
una utopía.
¿«Ya veremos»? ¿Qué significaba
eso?
Ella era más de ver sin
saber,
y no de ampliar su visión
tras observar.
Ojalá ser de esos
que permanecen quietos
ante el más mínimo estímulo,
y no tratan de alterar una realidad
que aún no ha sucedido.

32

Me da miedo
que llegue el día
en que sea de esos
que no confían
en el amor,
que lo ven como
una utopía.
Me da miedo
acabar anestesiada
de estas emociones,
dejar de ser tan humana,
y que, un día,
ese amor camine
a mi lado
y no sea capaz
de detectarlo.
Tengo miedo del
amor,
y, aun así,
caigo en él;
pero, tras tanto
dolor,
me estoy enfriando
y me da miedo…
este amor.

SEGUNDA PARTE

A LA OSCURIDAD

33. Este de no retorno

¿Que te olvide?
¡Imposible!
Jamás se olvida lo que llega
al corazón.
Jamás veré esas luces
sin pensarte.
Jamás escucharé nuestras canciones
sin preguntarme dónde estarás
ahora mismo,
en qué brazos,
si ríes o lloras,
si eres feliz,
aun en mi lejana presencia,
esa en la que te canto,
te pienso,
y me pregunto
cómo llegamos a este punto,
este de no retorno,
cuando hubo un día
en el que nos amábamos,
y noches en las que
deseábamos
que no se colase la luz
por las persianas,
fuese a despertarnos.

¿Cómo quieres que
te olvide,
si eres quien me quitó
el sentido?

34. CAPARAZÓN

Me hice una bola en el vacío,
me encogí bajo
la coraza calentita
de mis sábanas.
Con las persianas bajadas,
ahí,
en ese ovillo,
te lloré como nunca antes
lo había hecho.

Me permití ser vulnerable
ahí,
donde nadie me veía,
y abracé esa soledad,
porque para abrazar
tus brazos ya no tenía,
y sabía que,
esta vez,
me debía obligar
a aislarme
y escuchar
lo que mis lentos latidos
exigían:
tiempo para sanar,
tiempo para extrañarte,
tiempo para ser yo misma.

35

Yo sufriendo tanto, y tú tan satisfecho.

36

Sí, se puede sentir un vacío
por mucho amar.
Yo lo siento,
cada vez con más intensidad.
Ahora solo me apetece llenar
ese dolor
con silencio.

37

Te buscaré en todas las personas
con las que me cruce,
en todos los labios
que bese,
en cualquier «te quiero»
que oiga y que responderé
sin sentir
lo que alguna vez pude
sentir contigo.
Te soñaré,
hasta que mi alma muera,
sabiendo que tu amor
por mí perdura,
pero que jamás podré
corresponderlo
en esta existencia.
Creo que llegué a amar
tanto contigo,
que no volveré a hacerlo
igual.
Te buscaré en todas
las personas que me recojan
al caer la noche.
Te pensaré cuando, al dejarme
en el portal,

me digan
«adiós» con la mano,
sabiendo que no eres tú,
ese chico risueño
que simplemente me supo
querer,
a su manera,
cuando ya era demasiado
tarde.
En el mundo de las ideas,
me reencuentro contigo
y no te suelto,
regreso a tus brazos
y recorro tu sonrisa,
a pesar de tanto daño.
Un día me rompí,
se cayó al suelo el plato,
y lo nuestro ya se volvió
imposible.
Por tanto tratar de cambiarte,
acabé cambiando yo.
Y todo terminó.
Espero que encuentres la felicidad,
que algún día vuelvas a sentir
lo que es que te quieran,
pero ojalá no olvides
que aquí va a haber siempre alguien
que te recordará,
mientras su mente aún no se pierda,

y aunque su corazón lata
por mil amores
que, irremediablemente,
jamás volverán a ser
el tuyo.
Cierro los ojos y veo tu sonrisa.
Por tanto tratar de olvidarte,
me olvido yo.

38

Espero que siempre recuerdes
la carta que te escribí.
Porque no habrá otra.

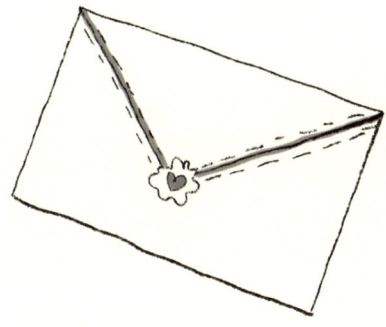

39. NATIVOS DIGITALES

Entré en el tren
y me asusté.
Ninguna cara miraba
por la ventana de siempre,
sino por una pequeñita,
azulada,
que resplandecía
en sus manos.
Todos contemplaban
ese rectángulo parpadeante,
ninguno alzaba la cabeza.
Parecían robots,
que preferían aislarse
de cualquier belleza
para no sentir,
no soñar,
no sufrir jamás
el dolor de vivir,
sabiendo que lo tecnológico
es permanente,
mientras que ellos
se fusionarán
con la maleza
que pretenden ignorar.

No hablan,
¡no ríen!
El mundo
se fue al traste.

40

Qué suerte
tenerte,
olerte,
besarte;
pero,
sobre todo,
qué suerte
que me consideres
espacio seguro
al que contar
todas tus molestias
e inseguridades.

41

El día en que me dio
el ultimátum
sentí que me moría.
Él siempre dice que soy
de extremos,
pero ¿acaso son imaginaciones mías
que te escuché confesar
que de mí te cansabas?
Tengo tanto miedo de que te vayas
que me obligué a cambiar
hasta no reconocerme,
con tal de mantener alta
lo poco de estima
que aún me guardabas.

42. SUFRIDORA PROFESIONAL

Cada vez que vuelvo
a saber de ti,
mi corazón llora.
No porque extrañe
los momentos buenos,
sino porque se pregunta
cómo se llegó una vez
a permitir
tanto sufrimiento.

43. (COM)PASIÓN

Es tan grande la pena que sentí
cuando me di cuenta
de que no me querías
tanto como yo a ti,
que ahora cargo con el dolor
como si fuera una pesada losa.
Arrastro mis pies
por el día
como un alma en pena,
y tú ni te das cuenta,
porque ya ni (com)pasión
por mí sientes,
porque ya ni amor
me muestras,
y porque ya ni conversaciones alegres
mantenemos
sin que tú te hartes
de tenerme a la vista.

44. IMPOTENCIA

Soñar contigo y sentirte tan cerca,
extender una mano al vacío y no poder
atrapar la vívida imagen de tus ojos,
de tus hombros,
de tus labios,
de tu risa.
Luego despertar,
y llorar porque es de día.
Que se te cierren los ojos
y no querer,
vayas a reencontrarte
con ese amor
que solo de noche
se materializa.

45

Tan solo deseo que tú,
cuando veas que ella con otro lo ha dejado,
no pases a teñir mis días rosas
de azul cobalto;
que no decidas que no soy digna
del calor de un ser amado
y, sin embargo, leas en mi mirada
que mi belleza interior es como
un jardín que lucha por salir del invierno
y entrar en primavera:
aunque no tan evidente de primeras,
tan válida como la de cualquiera,
y que estar sola no es mi destino,
al igual que tampoco lo es
el desconfiar hasta de las sombras
que deja atrás
mi ondulante camino.

46

Desesperación: esa emoción que surge
cuando escuchas sus canciones en repetición,
y al final descubres tal vacío en tu interior
que se te secan las lágrimas.

47. BRÚJULA

Odio depender de ti,
pero, aun así, lo veo inevitable;
me siento sola, muy sola,
y lloro y lloro
al no encontrar sentido
a la parálisis de mis días monótonos,
y tú (cuando se te antoja)
tiñes de color esos instantes
en los que me siento
minúscula,
en los que aguardo tu mensaje
intermitente,
como si estos fueran
a lo que un explorador
su brújula.

48. *GHOSTING*

Castigas cuando logras
enamorar,
y de la forma más
cobarde;
con silencio,
un silencio atroz,
angustiante.
¿Qué alergia tienes
a los corazones
para darles una caricia
y luego acallarlos?

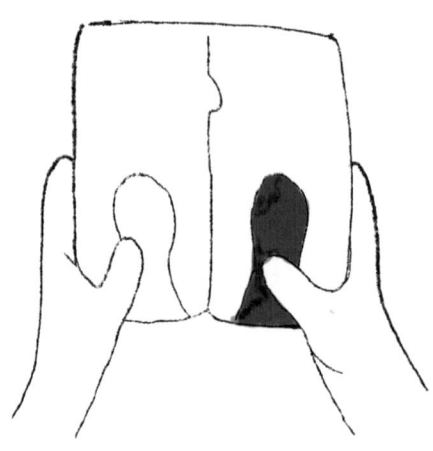

49

Como me recordé en un poema:
«si una vez pudiste superar un duelo,
también podrás hacerlo de nuevo».
Duelo, duelo…
rima con anhelo.
Anhelo al pasado,
a lo hecho y deshecho.

50

Me da pena
ser esa niña
soñando con llegar a
amar,
y poco a poco
observar
cómo se va apagando
esa llama de deseo
humeante.
Me da pena verme enamorada,
para que luego rompan mi corazón
en mil pedazos
de palabras nunca dichas.
Quiero llorar,
pero no me sale:
ya lloré demasiado
con el corazón en la mano,
y nadie vino a arroparle.

51

«Tengo miedo,
tengo miedo,
tengo miedo»,
dice mi cuerpo.
«Es mentira,
es mentira,
son tonterías»,
contesta mi alma,
buscando sosiego.
Al final,
se enzarzaron
en una batalla
para ver quién
tenía la razón definitiva,
y ¡sorpresa!
Resulta que
la ansiedad
ganaría.

52. BAILA SOLA

La bailarina baila sola,
En la pista nadie pasa
y le dice «hola».
Ella da vueltas y vueltas
como una peonza,
todos admiran su agilidad
y hermosura.
La bailarina está en el centro
de la pista,
a veces se cae,
a veces la lastiman.
Pero, pese a los fallos y heridas,
ella sigue y sigue,
aunque los acompañantes
por su ausencia brillen.
¡Venga, baila, bailarina!
¿Por qué lloras?
¿Por qué te marchitas?
—Me falta alguien que
vaya a recordar mi forma de brillar,
tan efímera —explica la bailarina,
harta de esa soledad
que la ahoga,
pese a que la rodee
gente que (aunque no hable)
respira.

53. ¿CÓMO SE SENTÍA?

Te preguntan
si eres feliz,
cuando habitas
en un entorno
de rostros tristes,
de miradas perdidas
y risas vacías,
de pantallas
que ilusoriamente
emborrachan
la monotonía
de rapidez y alergia
al paso de los días.
¿Cómo se atreven
a cuestionarse
tu bienestar
cuando ni ellos mismos
recuerdan
cómo se sentía?
Una sonrisa risueña,
una mirada lenta…
cargada de amor,
inflada de simpatía.

54. 1:30 A. M.

Tenerla delante,
verla,
tocarla,
observar cómo
te responde.
Y, aun así,
a pesar de lo material
del presente,
ser consciente,
poco a poco,
de que se te escurre
de entre los dedos,
de que no se puede
(por mucho que se
intente)
combatir al tiempo,
de que el fin llega
para algunos
antes que a otros.
Qué injusta
es la vida,
qué triste,
¡qué bella!
La tengo delante
y, a la vez, no,

algo tan contradictorio
que hay días
que me sangra el alma
y otros que
(por no llorar)
salgo corriendo.

55. Extinción tardía

Cuando miras a quien
quieres
y ves que sufre,
solo piensas en cuidarle
y soñar con saber
cómo ese dolor
se siente;
con la esperanza inútil
de poder compartirlo,
de aliviar sus penas,
de acelerar tanto
la recuperación
como la caída.
Sufre el que padece,
pero también quien
a su lado vive
la tortura
de no saber
cuándo regresará
(si es que ocurre)
el antiguo yo
de ese ser amado
que poco a poco
se extingue,
que poco a poco
se ensombrece.

56. MANTRA PARA EL MIEDO

Me rindo al miedo,
al miedo me rindo,
Si tengo que llorar,
grito;
si tengo que vivir,
me muero.
Los días pasan,
y ya no lo evito.
Tú te vas,
yo me marchito.
Antes lo temía,
al miedo maldito,
pero me he dado cuenta
de que jamás se irá,
aunque haga sol
o llueva a jarrillos;
así que ya, al fin,
acepto mi destino.
Me rindo al miedo,
al miedo me rindo.

57. ME ABRAZO

Me abrazo,
pues sé que te quise mucho.
Sé que fueron reales
esas sonrisas,
sé que esos días
en los que confesé
mil «te quiero»
eran ciertos.
Esta noche, lloro
por lo que nunca seremos,
pero me alegro de saber
que por siempre atesoraré
nuestros buenos recuerdos,
preguntándome
qué podría haber sido
de nosotros
si tan solo
hubiésemos comenzado
de cero.
Me abrazo,
porque para no desmoronarme
trato de sujetar
mis propios pedazos.

TERCERA PARTE

A LA LUZ

58

Y, al final,
siempre llegan los días
soleados,
las mañanas de mayo;
la noche se queda
atrás
y, con ella,
se van
los rencores,
los llantos,
los enfados.
Crees que nada
va a cambiar,
pero entonces
te saluda el verano,
hueles el mar
y aprendes que,
por mucho que dure
la tormenta,
no hay nada eterno,
salvo el cambio.

59. EGO

Sumérgete en ti,
escúchate,
piénsate.
No te fijes
en lo externo,
puesto que nadie
queda,
salvo tu alma,
que con sus escritos
permanece.

60. Romántica

Soy romántica, sí.
¿Y qué?
Yo lo siento como algo
maravilloso.
Lanzo besos,
dedico caricias,
suspiro versos.
El amor nunca me pareció
mejor sujeto.
Soy romántica,
¡a toda honra!
Por eso entiéndeme
cuando solo deseo
una rosa,
igual que yo comprendo
que no lo hagas.
«El romance ha muerto»,
se lamenta el poeta, lastimero.
Pero que no se preocupe:
aunque tú digas
que el amor fue creado
por el dinero,
yo seguiré
recitando versos,
regalando caramelos,
de rojo vistiendo;

porque ser romántica
(sí, ¡romántica!)
es la mejor manera
de vivir una única vida
y expresar
que te quiero.

61. ODA A MI GATO

Me observa a todas horas,
me vigila mientras duermo,
me estudia mientras
me visto,
me arreglo,
me muevo.

Me exige caricias
en determinado momento,
me persigue para que le dé
(de nuevo)
alimento,
y yo encima le peino
y le doy
mil besos.

Pero ¿qué es esto?
¿Acaso lerda
me he vuelto?
Ni unas gracias recibo
de tal ingrato sujeto.
Mi hermana suspira
al oír mis lamentos.
«Tranquila,
es un gato,
tan solo eso».

62. FLORECIENDO

Hoy me niego
a dejarme llevar
por el miedo.
Hoy lo reflexiono,
hoy me mimo,
hoy me escucho,
y tengo compasión
conmigo misma
en este proceso
de transición
que estoy teniendo.
Soy yo, floreciendo.

63

Escuchar parece fácil,
pero tú eres el único
que lo vuelve un oficio impecable,
que presta sus oídos
y acaricia con sus manos,
que tamborilea sus dedos
al son de la música
para aliviarme el peso
de una mente inquieta
y que a veces es incapaz de hallar la salida.

64. Deja de…

Deja de soñar
con un futuro
de la mano del mismo
con el que ahora ríes
mientras temes
un final inesperado.

Deja de añorar un pasado
en el que te prometían
castillos nublados en la cima
de un rayo de sol
que, según decían,
quedaría para vosotros
perpetuo.

Deja de lamentarte
por no ser quien no eres,
por emocionarte cuando crees
que no debes,
y por lamerte las heridas
en silencio,
mientras otros siguen adelante
creyendo que en ti
no se han hecho
destrozos.

Deja de imaginar tanto,
de pensar tanto,
pero tampoco dejes de sentir
como lo haces
(aunque suene contradictorio).

Y es que has de encontrar el equilibrio,
la balanza,
entre soñar despierta
y procesar daños y erradas creencias;
entre tener esperanza
por una eternidad
acompañada
y, a la vez, temer
la soledad que quizás te aguarda.

Sé que ahora suena complicado,
pero mantén la calma;
no tienes que arreglarlo todo,
aguarda.
Tan solo déjalo todo fluir
y deja de creer
que de ti depende
todo instante
que ansías.

65

Cuando me das la mano,
siento que puedo con todo.
(Cuando me la apartas…
también).

66

Y llegará alguien
que acepte tus errores,
que alabe tus imperfecciones,
y que abrace tus lágrimas
incluso cuando tú
te avergüences
de mostrarlas.

67. STATU QUO

El viento persigue las hojas,
la luna mueve las olas,
la leona acecha a la gacela.
Ese es el orden de las cosas,
siempre cambiantes,
siempre en ciclo constante.
Dicen que el que la sigue
la consigue,
igual que a la flor
siempre aterriza la abeja,
así que ¿cómo es que
no me miras
cuando te miro,
no me oyes cuando suspiro,
por mucho que grite
o por mucho que silbe?
La naturaleza es caprichosa,
porque deja que el cazador
consiga a su presa,
pero no que el enamorado
atrape ese amor que tanto
le cuesta.

68. SUEÑO

Tiempo solo,
solo al tiempo;
por aburrimiento,
me duermo,
si no te oigo,
no te siento.
Duermo,
duermo,
ante la luz
me acuesto.
La soledad llama
a gritos,
me resisto;
al final, gana
el sueño.

69. CALOR

Calor,
me cueces, calor.
Deseaba tu llegada,
pero no con tanto ardor.
Calor,
dame un respiro,
que no encuentro mi abanico;
el sol me tiene frito.
Qué pena que para comer
haya cocido.
Supongo que siempre hay
quejas a lo conocido,
y cuando llega lo distinto,
le volvemos a hacer asco
y preferimos lo anterior,
en este caso:
tu frío amor,
frío fresquito.

70. SIEMPRE

Vas a existir
hasta que yo te quiera
dejar de recordar,
y como eso no va a pasar,
por siempre vivirás.

71. Mensaje al más allá

Tú te vas,
físicamente lejos de aquí,
pero perdurarás
en mi recuerdo,
inmortal,
siempre feliz.
Abandoné mi yo —egoísta—
al dejarte ir,
y solo espero
que tú tampoco
nos olvides,
que allá donde estés
sueñes
con aquellas tardes
conmigo,
aquellas noches
en compañía,
aquellas mañanas
al fresquito.
Tú me elegiste
la primera vez
que te vi,
y ahora yo elijo
que descanses tranquila,
pues te lo mereces,
amiga mía.

72. HASTA LUEGO

Se fue,
y dejó conmigo
—no rabia,
no desesperación,
no rebeldía—
eterno vacío,
la sensación de no caber
en mi cuerpo,
de observar desde fuera,
de estar presente,
pero, a la vez, no
por el lacerante dolor
que trajo consigo el estar
completamente dispuesta a
—por su bien—
decirle un «hasta luego».
Qué tristes son
las despedidas,
pero qué necesarias
a veces.

73

Por lógico,
el chico se volvió
de piedra.
Por soñadora,
ella pasó a ser
hada.

74

Te vas,
y ya no me siento vacía,
porque hace tiempo
me encontré a mí misma,
me di la mano,
me abracé,
y me dije que,
conmigo,
no volvería a estar
ni sola
ni aburrida.
Vete cuando quieras,
o vuelve,
que ya no sufriré
esa soledad
que alguna vez
creí perpetua.

75

Me pediste espacio
y te lo di,
tanto que dejé
de reconocerte
en la lejanía,
no sé si por culpa
de la distancia
o por algo más
que escapa
a mi entendimiento.

76. Nota a mí misma

La gente va y viene,
como la marea;
un día están y otro no,
como las olas revueltas.
Pero el cambio
no siempre significa
que (de pronto) navegues sola,
sino quizás una invitación
a salir de lo conocido,
a afrontar nuevos retos,
a bailar acompañada
de nuevas manos
y sonreír a rostros ajenos.
Abraza que otros se despidan,
diles adiós con gusto,
porque estás más cerca
de propinarles un «hola»
a quienes realmente
abrazarán tus silencios
y sin miedo seguirán
tus pasos.

77. DETOX

Un día, la pequeña niña
se dio cuenta de que no era
ni tan pequeña,
ni tan niña;
en realidad, era una mujer,
hecha y derecha,
fuerte pero indecisa,
que se había rodeado
de personas que la hacían sentir
minúscula y marchita.
Una mañana, se dio cuenta
e hizo un *detox* de compañías;
cuando estas se fueron de su vista,
se derrumbaron todos esos muros
que le habían cortado las alas
y por fin vio una salida
a ese túnel que la ahogaba,
repleto de caras (des)conocidas.
Qué alivio,
qué descanso,
¡la mujer-niña
ya podía caminar hacia el futuro
y olvidar su pasado!

¡Era tan fácil como sacar las garras
y alejar a quien no le aportaba
ninguna risa!
Limpieza emocional,
qué necesaria,
¿lo intentarías?

78

El verano se va,
el invierno aparece.
Ya no piso la arena
ni el mar.
El sol se esconde
y la luz se atasca
en las paredes.
Desearía que esos días
fueran para siempre,
pero, quizás, justo por eso
les tengo tanto aprecio.
Por mucho que me esfuerce,
siempre volverá la lluvia,
las tormentas,
tú te alejarás
y yo me quedaré en mi sitio,
sentada,
y deseosa de volver a sentirme
viva
y acompañada
del calor del verano,
ese que siempre me recuerda
que el invierno no es
perpetuo sufrimiento,
y que nada dura tanto,
ni lo malo,
ni lo bueno.

79

Dije adiós a caras conocidas,
porque, en realidad, no lo eran tanto.
Me sonreían cuando me ponía triste,
me daban la espalda cuando saltaba
de alegría.
Tenía miedo a quedarme sola,
sin esa falsa luz que me rodeaba,
pero entonces dije:
«Au revoir!»
«Arrivederci!»
«Goodbye!»
Y ¡plas!: una nueva vida
se apareció ante mis ojos.
Me acerqué a ese lienzo en blanco,
comencé a pintar con cuidado,
y cuando menos me lo esperaba,
descubrí que había
ganado fuerza en mi interior,
y que un paisaje de nuevas caras
se había acercado;
aprendí que uno nunca está solo
cuando es fiel a sí mismo,
y que nunca es tarde
para reconstruirse,
a pesar de oír esas voces
que te prometen amistad eterna
siempre que nunca cambies.

80. COMPLEJA

Te mimetizas entre la muchedumbre
y ellos creen que eres «normal»,
«del montón»,
«perfecta».
Un día, comienzas a mostrar
tu mundo interior,
tus rarezas,
y todos ven que, en realidad,
eres «rara»,
«rara y molesta».
Dudas entre callar
o seguir alzando la voz,
pese a las quejas,
pero al final optas
por lo segundo
y acabas sintiéndote
incomprendida,
sola
y compleja.
Cuánto se sufre
cuando dejas entrever que no eres
lo que otros esperan
y acaban pidiéndote que cierres el pico,
vaya a ser que los colmes
de ideas nuevas
y los obligues a usar la cabeza;

pero qué bien se te ve
cuando todo te resbala
y creas nuevas definiciones
de lo que es ser diferente,
mientras caminas
con seguridad
fuera de las reglas.

81

El niño creaba montañas
de granos de arena,
creía que podía
contra la marea.
Su madre lo vio
y le dijo:
—¡No siempre puedes solo
contra el mundo!
Juntos, pelearon contra
las olas que amenazaban
con tragarles enteros,
las partieron en dos,
y vencieron aquello
a lo que el niño
tenía miedo.
De la mano,
caminaron
por el lecho marino,
hasta el horizonte
infinito.
Vieron conchas con perlas,
Estrellas
y piedras cristalinas;
el niño aprendió
que de nada servían
esos muros de arena,

si no tenía a nadie
con quien luego quedarse
tras la tormenta,
así que abrazó a su madre,
y se sintió afortunado
de estar acompañado,
hasta cuando se creía
invisible ante el mundo.

82

El niño miraba a la luna,
y le decía:
—¡Cuánto te quiero,
amada mía!
Esta le respondía:
—¡Yo también,
hijo de la melancolía!
Él tan solo buscaba una amiga,
así que cada noche buscaba
esa luz azulada en el cielo,
y la colmaba de obsequios
y poesías:
cien cartas,
veinte halagos,
cinco cenas
bajo las estrellas.
Pensaba que, así, su luna
no se marcharía.
Pasaron los meses,
pasaron los días,
y el niño (incansable) siguió declarando:
—Te amo, luna mía, ¡eres mi mejor amiga!
Sin embargo, ella pareció cansarse
de su simpatía,
y, de buenas a primeras,
dejó de mostrarse en el cielo oscuro,

lleno de nubes retorcidas.
«¿Qué he hecho mal,
para que me abandone
mi amada luna,
la que creía amiga perpetua?»,
se martirizaba el niño
ante el alféizar de la ventana.
Al rato, le respondieron las estrellas;
se alinearon, una junto a otra, y conformaron
su moraleja:
—No des a quien no te devuelve
ni una pizca de lo que le entregaste,
porque jamás valorará
el amor que tratas de expresar,
pase lo que pase.
Ese día, el niño (ya hombre) aprendió
a valorarse.

83. ENE-AMIGA

Redacté una carta de despedida,
con sudor, lágrimas y tinta;
luego me la guardé,
porque jamás se la entregaría
a la persona a la que me dirigía.
Ella nunca sabría que siempre
en mi mente quedaría,
pese a nuestras diferencias
y últimas palabras, bastante frías,
pero eso era lo mejor:
coger la máxima distancia posible
con algo que tenía fecha de caducidad
y que jamás reconocería mi capacidad
de amar,
pese a sus hirientes habladurías.
Sin embargo, auné fuerzas
y le hice un ritual a ese papel,
cargado de emociones del pasado
que me moría por no volver a ver;
decidí no mostrárselo,
me tragué la culpa
y lo leí por última vez.
Después, lo tiré.
Las despedidas son duras,
pero, al menos, me di el cierre
que ella nunca tendrá,

porque quienes son honestos
consigo y con los demás
lograrán tener la conciencia tranquila,
pero quienes viven con rencor
jamás lograrán que este no se les pudra
por dentro,
marchitando una esencia
que jamás (en la vida) volverá a atraer
buenas sintonías.

84

Perdonar, la única salida.
El dolor, la entrada.
Cuánto cuesta transformar
el sufrimiento en energía,
pero cuán necesario es no dejar
que se atasque,
ni se transforme en parte de tu ser,
amenazando con desbordarte.
Lo mejor es encontrar un sentido
a los cambios y vaivenes,
y aceptar que a veces
las personas llevan máscara,
pero que solo tú decides cómo eso
te afecta,
y cómo vas a sacar la fuerza
de alejarte por fin de esos lazos
envenenados
que parecen hogar,
de esas fortalezas cargadas de espinas,
de tantas puñaladas camufladas de abrazos
cálidos y estrechos.
Perdona, ¡perdona!,
que esos individuos suficiente tienen
con permanecer atados de por vida

a la desgracia de no ver
quien realmente los quiere
y no saber cuidarlos
para que no se alejen.

85. LEJOS

Jamás olvides lo que te quiero, amiga mía.
Jamás dudes lo que te pienso, amiga eterna;
pero tampoco imagines
que me arrepiento de nada, sentida niña,
pues yo te perdono, mientras avanzo,
y tú te recreas en dolores pasados,
perdiendo trozos de luz a tu paso.

86

Soltaste tu mano,
dejaste ir,
recordaste lo bueno
y desechaste lo malo.
Por fin descubres
que la vida es un eterno
amanecer,
y que las oportunidades,
si las buscas,
no tardan en dejarse ver.
Camina con la cabeza alta,
de la mano de esas almas
que, aun en el cielo,
amor y amistad te guardan,
y deja a aquellos
que no te hacen bien,
porque es mejor vivir
solo y recordando,
que vivir en compañía
vestida de soledad.

87

Para evolucionar,
tan solo tienes que soltar
esos lazos
que te miraban
con su máscara
y, en el fondo, deseando
tu derrota;
puesto que de nada sirve
tratar de nadar
si te rodeas de gente
para la que nunca serás
suficiente
y que,
en vez de seguir tu ritmo
con orgullo,
tratan de ahogarte
antes de que llegues
a la orilla.

88

Que todo lo malo se vuelva un verso,
que todo lo bueno florezca en poemas,
y, por supuesto,
que esta pluma jamás
se quede seca,
puesto que escribir calma
al pensamiento,
y la poesía es la canción
que embelesa el alma.

89

Y entonces lo vi,
y descubrí que existen
las personas que te eligen,
porque, pese a la mayor
de las borrascas,
él nunca se rinde ni me deja
sin paraguas;
observé, en contra
de mis creencias,
que sí que cambian
las personas enamoradas,
y que,
sin importarles el esfuerzo,
deciden quedarse a tu lado,
porque tú les mereces la pena,
porque sin ti no se ven
en ningún lado.

90. REINICIO

Ella tenía un botón en su nuca,
que pulsaba cada vez
que quería olvidar.
Un día se rompió
¡de tanto pulsar!
Ahora solo le quedaba trabajar
en enfrentarse,
en pensar,
en tratar de procesar
cada infortunio
que se le cruzaba.
Por suerte, comenzó
a otorgarle reinicios
solo a quienes se lo merecían,
hasta que un día, de repente,
se vio algo más sola,
pero tranquila
y rodeada de aquellos que
no desean su amnesia,
sino su consciente acuerdo
de permanencia.

91. ALTIBAJOS

Un día, el escalador
por fin se cansó
de los altibajos.
Se negó a escalar
más picos y descender
velozmente cuesta abajo.
Decidió que se interesaría
por caminar por suelos llanos,
que abandonaría esa
tendencia a dejarse llevar
por terrenos desnivelados,
y, de una vez, trataría
de ignorar a las montañas
y fijarse en los valles y prados.

92

Me equivoqué dedicándole poemas,
me los debí haber dedicado a mí.
Yo soy quien me acompaña,
quien me perdona,
quien me cuida,
quien me respeta
(o eso intenta).
De todas las personas
que pasan por mi camino,
que entran y marchan,
yo soy la primera a quien
he de querer;
y, por eso,
me merezco dedicarme
algún verso,
para no olvidarme
de que no estoy hecha
para ser satélite,
orbitando alrededor de un planeta,
ni para ser sombra,
siempre tras un ente;
soy un centro,
un cuerpo entero,
un alma libre;
y cuanto antes recordemos
quiénes somos,

antes dejaremos a un lado
lo de escribir
para elementos externos
y nos hablaremos a nosotros mismos,
que, de vez en cuando, lo necesitamos.

93. Aparición

El Día de Todos los Santos
te me apareciste en sueños.
Amiga querida,
fue como un regalo
caído del cielo.
Hasta el amanecer pude
pasar la tarde contigo;
entre lágrimas pude estar
acurrucada en el sofá contigo,
mientras me escuchabas decirte
lo especial que eras en mi vida.
Ahora creo que fuiste tú quien,
desde arriba,
me enviaste caricias y expresiones
de alegría,
para nunca olvidarte
y tener presente
que tú siempre estarás
para seguir mis pasos,
y nunca dejarás de ser familia,
aun cuando tu cuerpo no perdure,
pero la llama de tu recuerdo
siga encendida.
Estamos conectadas,
lo he comprobado hoy,
dormida.

94. CRECEMOS

La vida es un constante
echar de menos;
aquellas vistas,
aquellas manos,
aquel invierno…

Nos tiramos la vida añorando,
y cuanto más avanzamos,
más lo hacemos.

Aunque detengamos el paso,
el tiempo sigue acelerando,
y a veces desaparece
lo que creíamos
imperecedero.

Mejor aceptar la muerte
de lo eterno,
y también aceptar
que quizás hemos venido
aquí
para recolectar fragmentos
de bellos recuerdos,
que probablemente
no se repetirán,

pero que seguro
que un sentido
y propósito tuvieron.

A la par que echamos
de menos,
crecemos.

95. MI AMOR VIVE EN UNA SOLA PRIMAVERA

El año puede pasar
por estaciones;
mi amor, no.

Yo no paso por un otoño,
en el que se marchitan
los prados;
yo no estoy en un invierno,
donde nada crece
y todo se ensombrece.

Mi amor vive en una sola
primavera
teñida de pedazos
de verano;
todo es luz,
todo florece.
Y, aunque llueva,
sé que no será
para siempre,
y que lo importante
es que estamos los dos,

bañándonos bajo la luz
del sol,
radiantes,
amantes.

96. Punto de no retorno

Hubo un día en el que me elegí a mí,
y ya no hubo vuelta atrás.
Aprendí que quien realmente
te quiere
no te lo reprochará,
y que tampoco he de esperar
que ambos seamos los mismos,
una vez la distancia ponga
el desorden atrás.
El instante en el que me protegí,
me sentí más mía,
pero también más pequeña;
me aterraba la idea de estar
tomando una mala decisión
al elegir vivir dándome a mí misma
la mano,
hasta ser capaz de elegir si elijo
que otra persona camine
a mi lado.
Me elegí a mí,
y me dolió hacerlo,
pero más me dolía
alargar lo inevitable:
dar el paso de comprobar
si realmente estaba viviendo.

97

Deseé que no te fueras
mientras yo comprobaba
lo lejos que podrían llegar mis alas.
Deseé que estuvieras bien
cuando tus mensajes no me llegaban.
Sobre todo, ahora deseo
que no me guardes rencor
por escuchar a mi cuerpo
y darme espacio para sentir,
a la vez que los días pasan
y hemos dejado de hablarnos,
de esperarnos,
de abrazarnos.

98

Al menos, seguirás apareciendo
en mis poemas,
mi pluma seguirá sangrando
lágrimas de tinta.
Cuando un escritor se enamora,
no deja de hacerlo jamás.
Aunque no lo sepas ahora,
serás inmortal a través
de esas palabras impresas
que nunca fui capaz
de pronunciar.

99

Alejarme de ti,
proceso inevitable.
A medida que pasan
los días,
nuevos ojos me recorren
con la mirada,
y yo pienso
y me doy cuenta
de que,
ahora que por ti
no estoy acompañada,
mi alma se siente
menos sola.

100. NO QUIERO QUERERTE

No quiero quererte,
una vocecita me suplica
que no lo haga.

Temo volver a caer rendida
a los pies de alguien.
Temo enseñar mi corazón
y que, de buenas a primeras,
lo rechacen.
No quiero quererte,
¡no debo!
Pero, a pesar de las alarmas
incesantes,
una vibración a mi alrededor
me sacude
cuando te tengo delante,
y entonces esa voz grita:
—¡Quiérele, romántica
pensante!
Entonces te rodeo
con los brazos,
resignada a volver a amar,
pese a decepciones
constantes,
y con una esperanza sangrante
que me susurra que,

quizás,
esta vez no será como antes.

No quiero quererte,
pero hacerlo parece
tan fácil…

101

Me niego a dejarme amar,
hasta que YO primero me ame.
Si no consigo esto,
seguiré toda la vida
bebiendo sedienta del cariño ajeno,
y no saciada con el que podría
a mí misma darme.

102. CHUBASQUERO

Un buen amigo me dio
un consejo:
«Olvídate de la idea
de una felicidad plena
a su lado.
No vuelvas a sentirte vacía,
pues ahora ese hueco
lo vas a llenar
con más de ti,
de ti misma.
Con el tiempo te sentirás
más completa que nunca,
te lo prometo.
Tan solo aguanta ahora
el chaparrón».
Ahora llevo chubasquero,
y toda la lluvia me resbala.

103. VOLÁTILES CENIZAS

Creo que,
si nos hubiésemos topado
el uno con el otro
en otra etapa de nuestra vida,
jamás habríamos estado juntos,
pero yo tampoco habría aprendido
la valiosa lección
de que entregarse en cuerpo y alma
a alguien
no es símbolo de amor
ni devoción,
sino de ansioso miedo por perder
y de angustiantes ganas
de mantener viva
una chispa que el otro
también debería intentar conservar
con mimo
y meticulosa paciencia.
Creo que todo sucede
por una razón,
y si tú fuiste el primero que trató de darme
para después quitar,
eso es porque habrá un segundo
que, imperturbable,
se mantendrá a mi lado
sin prisas ni exigencias,

que dará
y que también recibirá
en su adecuada medida,
y que jamás calculará
las horas que le quedan
para por fin desaparecer
de mi vista
y dejarme tan solo
con unas volátiles cenizas.

104. Reflexiones de un bus de Avilés a Oviedo

Aquí, en un bus
camino a ninguna parte,
desconocida,
a kilómetros de casa,
sola,
en la otra punta
del mapa.
Rodeada de prados verdes
y casas chocantemente
coloridas,
y a pesar de la distancia,
aún reflexionando
sobre cómo acepté
a quien me quería
sin yo quererlo,
y cómo me esforcé
por coger cariño
a algo por lo que yo
no hubiera luchado
de haber estado viviendo
en este preciso instante:
libre, lejos, intocable
y conocedora de valiosas
experiencias de amor

y desamor desconsolado.
Aquí, sobre ruedas,
sigo avanzando
con la esperanza de dejar
atrás
mi habitual costumbre
de rumiar sobre el pasado
y desear que mis pensamientos
sean como el viento,
que choca contra
los parabrisas
para pasar de largo,
como si nada hubiera
tocado.
Libre, lejos, intocable.
Por fin, irremediablemente
y decididamente,
sola.

105. SOS

Existía un vacío tan grande
en mi interior,
que solo la soledad
podía llenarlo.
No verme reflejada
en el alma
de otro ser
por un largo
l
a
r
g
o
tiempo
iba a ser la única
salida
para un largo túnel
en el que nunca había
luces.
No sabía cuándo dejaría
de sentir
ese hueco en mi pecho,
pero sí sabía
que solo lograría alimentarlo
si no lo miraba directamente
a los ojos

y le decía:
«Conmigo no vas
a poder,
yo me (SOS)tengo».

106

Me daba miedo la noche.
Ya no, porque la bailo.

107. *LOVE BOMBING*

Tres semanas tardas
en conquistar,
dos en desenamorar
y una en pretender olvidar.
Aprovechas para dejarla oculta
tras una cortina de silencio
con la que jamás te llegaría
su voz.
Tres semanas tardas
en hacer ver
que no sabes querer,
solo buscar sentir
y quizás comprobar
que aún tienes un corazón
que palpita,
al que alguien podría
amar.
Ahora, tres días va a tardar ella
en curarse,
mientras que tú ni en tres siglos
hallarás lo que buscas:
perfección desmesurada,
atención a la carta,
una mujer simple y callada.

108

Rompió el hielo,
cortó su amor
por el frío.
Ahora ella quiere
fuego,
calor contrario
a lo que años
había perdido.
No pide palabras
en vano,
ni abrazos helados;
ahora mira a los ojos
lo cálido
y se enorgullece pensando
que no se merece nada más
que eso que siempre
había rechazado:
alguien que se materialice
con solidez y sentimiento,
y a quien jamás ruegue cambio.

109

Sola, sola, sola.
Ya no me parece
tan terrorífica la palabra:
rima con ola,
con amapola,
con caracola.
Estoy tan familiarizada
ya con ella,
que creo que le voy a pedir
que sea mi amiga.

Agradecimientos

Pese a que no es la primera vez que redacto una sección como esta, sigo teniendo muchas personas a las que agradecer por haberme acompañado durante tantos años en mi amor por la creación de historias. Algunas siguen siendo las mismas, pero nunca están de más palabras así, y ellos se merecen que se las repita. Realizaré una lista, ¿os parece?

1. Primero de todo, gracias a mi familia. Papá, mamá, gracias por apoyar siempre mis intereses y sueños, por fomentarme el hábito de la lectura de pequeña y contarme cuentos por las noches. Estoy segura de que, de no ser por vosotros, no estaría aquí, redactando las últimas páginas de mi sexto libro. Gracias, también, por darme la mejor hermana que alguien podría tener; Ángela, eres única y es precioso verte crecer. ¡Os quiero!

2. A mis amigos, vosotros sabéis quiénes sois. Uno no necesita rodearse de mucha gente, sino de quienes realmente son luz y amor desinteresado. Sois geniales y tengo suerte de teneros.

3. Gracias, también, a mis lectores beta, muchos de los cuales también puedo considerar amigos para toda la vida. Sin vuestras pacientes reseñas, esta obra estaría incompleta.

4. Gracias al equipo de ExLibric, por apostar por este poemario y tratarlo con tanto mimo. Gracias a Ana, por una maquetación brillante, y a Carlos, mi editor.

5. Estoy agradecida, de nuevo, a la vida y al paso del tiempo. Solo este aporta crecimiento y regala diferentes versiones de uno mismo.

6. Por último, gracias a ti, lector, por haber llegado hasta aquí y haber leído este poemario. Gracias por apoyarme durante el bello y duro camino de la escritura, y por darle una oportunidad a mis obras. ¡Leamos más poesía!

Como ya es tradición, cierro con la siguiente despedida: ¡Nos vemos en la siguiente aventura!

Con cariño,

Marina L.